Weihnachten von MIR für DICH

für:

von:

(Datum nicht vergessen)

Bibliografische Information der Deutschen Nationalbibliothek: Die Deutsche Nationalbibliothek verzeichnet diese Publikation in der Deutschen Nationalbibliografie; detaillierte bibliografische Daten sind im Internet über http://dnb.dnb.de abrufbar.

© 2020 Marina Bauer
Herstellung und Verlag: BoD – Books on Demand, Norderstedt
ISBN: 978-3-7519 -8163 -7

Wie du dieses Buch verwendest:

„Was Weihnachten für MICH besonders macht,
das möchte ICH gerne mit DIR teilen.“

Wer kann schon behaupten, sein eigenes Buch zu verschenken?! Ab sofort DU! Denn hier ist das erste Weihnachtsbuch, in das DU malen, schreiben, kritzeln, kleben,… darfst, um ein ganz persönliches Weihnachtsgeschenk zu schaffen. Es wurde dafür von MIR für DICH kreiert und *Christkind-Engerl* begleiten DICH durch das Buch.

Dieses Buch kann von JEDEM gestaltet werden: vom Kind für die Eltern, von den Großeltern für das Enkelkind, vom Liebsten für die Liebste, vom Schüler für die Lehrerin, jeder, der gerne etwas Persönliches schenken möchte. Auch das gemeinsame Gestalten verschiedener Generationen macht unglaublich viel Spaß und schenkt unvergessliche wertvolle Stunden.

Durch seine Einzigartigkeit wird das persönliche Weihnachtsbuch sicherlich jedes Jahr an Weihnachten hervorgeholt und es wird zum Schatz von unbezahlbaren Erinnerungen.

Verschiedene Themen mit Ideen sollen deine Kreativität anregen. Sollte DIR eine Überschrift nicht gefallen, dann übermale/überklebe sie und erfinde deine eigene. Sei kreativ und schon geht es los:

Schnapp DIR deine Buntstifte, Schere, bunte Klebebänder, Sticker, Karten, Fotos, Rezepte… schreibe Geschichten, erfinde Gedichte, male Bilder, schneide raus aus Prospekten und Zeitungen. Zeichne dir bunte Linien zum Schreiben, verziere die Seiten mit weihnachtlichen Rahmen und Stickern und ganz wichtig: vergiss Glitzer nicht :-)

Was ich MIR / DIR / UNS an Weihnachten wünsche:

Idee: Die schönsten Weihnachtswünsche, den Christkindlbrief oder einzelne Schlagworte wie Weltfrieden, gemeinsames Lachen, Gesundheit… alles kannst du hier aufmalen, aufschreiben, aufzeichnen.

Meine liebsten Weihnachtsbräuche sind:

Idee: Magst du gerne den Nikolaus, den Krampus, das Christkind oder gar alle drei? Bindest du deinen Adventkranz selbst? Holst du das Friedenslicht? Gibt es einen alten Brauch, den du besonders magst und der nicht vergessen werden sollte?

So verkürze ich mir den Advent:

Idee: Besuchst du Veranstaltungen, wie Christkindlmärkte, Konzerte, Roraten,… ? Welche genau? Hast du einen Adventkalender? Oder bäckst und liest du? Dekorierst du dein Zuhause? Womit? Deine Lieblingsdeko ist? Gibt es von all dem Fotos?

Meine schönste Weihnachtsgeschichte ist:

Idee: Welche Weihnachtsgeschichte ist für dich besonders? Warum? Kopiere und klebe sie ein. Magst du selbst eine Geschichte hier reinschreiben? Welche Bücher liest du sonst gerne in der Weihnachtszeit? Autor und Titel bitte nicht vergessen!

Meine liebsten Weihnachtslieder und -gedichte sind:

Idee: Was singst du gerne in der Weihnachtszeit? Klebe, schreibe den Text hier rein. Über welches Lied freust du dich im Radio? Welche CD hörst du gerne? Dein liebstes Weihnachtsgedicht hat hier auch Platz.

Weihnachtliches traditionelles Kochen und Backen:

Idee: Hier ist Platz für dein liebstes Keksrezept. Was ist dein traditionelles Weihnachtsessen? Gibt es Familiengeheimrezepte? Bäckst du ein bestimmtes traditionelles Gebäck? Dein liebstes Feiertagsessen ist? Dein Weihnachtswunschmenü wäre…

So feier(t)e ich Weihnachten am liebsten:

Idee: Was muss unbedingt am Heiligen Abend sein? Wie schaut der genaue Tagesablauf aus? Gab es ein besonderes Fest, von dem du erzählen möchtest? Was/wer darf nicht fehlen? Wen besuchst du an den Feiertagen gerne?

Meine schönste Weihnachtskarte / mein schönstes Weihnachtsbild von MIR für DICH:

Idee: Hast du eine außergewöhnliche Weihnachtskarte mit einem besonders schönen Motiv? Gibt es vielleicht eine Familien-weihnachtskarte oder ein weihnachtliches Foto von dir? Oder magst du was Besonderes hier malen, aufkleben?

Hier ist Platz für alles, was MIR an Weihnachten noch wichtig ist:

Idee: Male, klebe, bastle, schreibe

Ich wünsche viel Spaß, Rührung und Lachen, viele fest gehaltene unendliche Erinnerungen, gemeinsame unbezahlbare Stunden, eine innerliche Freude, besinnliche Momente und viele bunte Ideen und Farben beim kreativen Gestalten!

HerzLICHsT Marina

PS: Mein Buch: *Übers Christkind – Geschichten und Gedichte für erwachsene Kinder* mit der ISBN 978-3-7357-1305-6 möchte ich euch auch ans Herz legen zum Lesen und Vorlesen in der schönsten Zeit des Jahres!

UND wenn du meine Bücher direkt bei mir bestellen willst oder mir etwas mitteilen möchtest, dann schreibe mir bitte an: Marina.Bauer@gmx.at

von Laura und Lina

*Danke an meine Lieben, welche mich in meinem kreativen Schaffen unterstützen.
Danke vor allem an meine Kinder: ich habe euch unendlich lieb!*